LA CANCIÓN ARTÍSTICA BOLIVIANA
THE BOLIVIAN ART SONG

ALQUÍMIA
CICLO DE CANCIONES DE AGUSTÍN FERNÀNDEZ

ALQUIMIA
A SONG CYCLE BY AGUSTÍN FERNANDEZ

Edited by
Patricia Caicedo

The Latin American and Spanish Vocal Music Collection N.3

The Bolivian Art Song. Alquimia, a Song Cycle by Agustín Fernández

© Agustín Fernández, 2019
© Patricia Caicedo, 2019
© Mundo Arts Publications, 2019

ISBN 978-0-9817204-2-5
MA0003

Primera edición: Barcelona, 2012 / First Edition, Barcelona 2012

Segunda edición: Barcelona, 2019 / Second Edition, Barcelona 2019

Music copists / Copia Musical: Johan Olaya
Texts, Edition & IPA / Textos, Edición y IPA Patricia Caicedo
English translation / Traducción al inglés: Agustín Fernández / Patricia Caicedo

Info@mundoarts.com
www.mundoarts.com

Mundo Arts Spain, S.L.U., 2018

E-mail: info@mundoarts.com
PHONE US: +1-678-608-3588
PHONE SPAIN: +34-696-144-766
NEW YORK - BARCELONA

Todos los derechos reservados. No se permite la reproducción total o parcial de este libro, ni su incorporación a un Sistema informático, ni su transmisión en cualquier forma o por cualquier medio, sea éste electrónico, mecánico, por fotocopia, por grabación u otros métodos, sin permiso previo y por escrito del editor.

Impreso en Barcelona.

INDEX

Presentación de la colección de música vocal de América Latina y España Presenting. 1
Presenting the Latin American and Spanish Vocal Music Collection 10

Biografía del compositor 3
Composers biography 11

El ciclo de canciones Alquimia: sonidos de un compositor transnacional 5
The Alquimia song cycle: the sounds of a transnational composer 13

Guía de interpretación y guía de dicción del español 7
Interpretative guide and Spanish Phonetic Guide 15

Textos poéticos / poetic texts translated to English 17

Transcripción fonética / Phonetic transcription 21

Partituras / Sheet music 25

    1. Desiderata 26
    2. Dáme 36
    3. Más desiderata 44

Sobre la autora / About the author 47

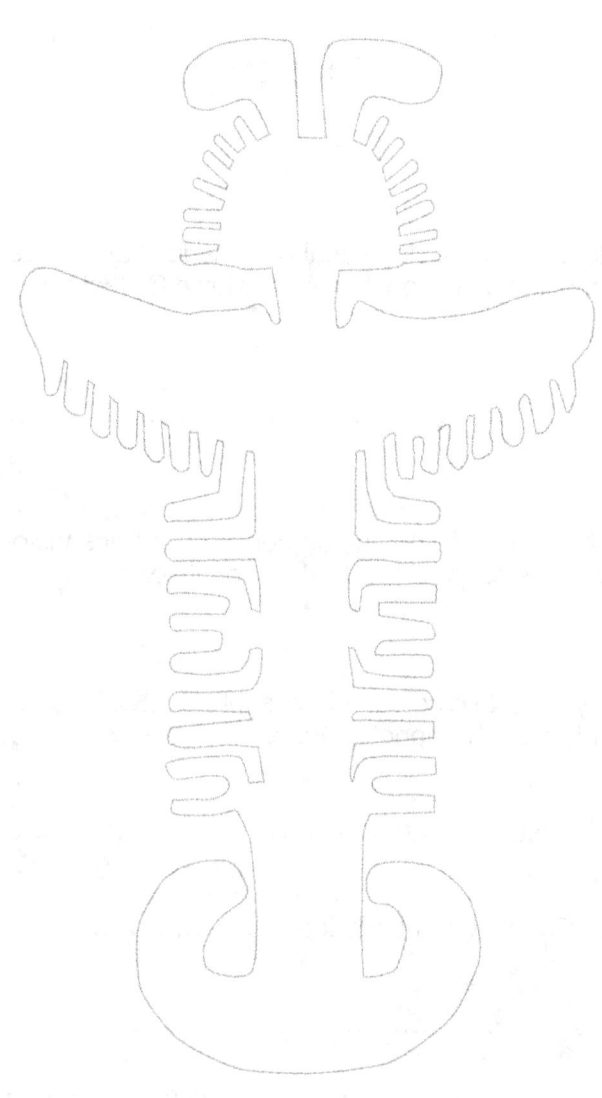

Colección de Música Vocal de América Latina y España

Es con orgullo y alegría que Mundo Arts Publications presenta la colección de música vocal de América Latina y España. Esta colección tiene como principal objetivo sacar a la luz las obras vocales escritas por compositores de los diferentes puntos de Iberoamerica que no han recibido la atención que se merecen a pesar de su gran nivel artístico.

Esta falta de atención se debe a múltiples factores, entre los que se cuentan el hecho de que la enseñanza musical, aun hoy, en el siglo XXI se orienta a enseñar lo que se considera el "repertorio central" de la música artística, que está compuesto sobretodo por el repertorio de los países centroeuropeos. Esta orientación está determinada por un conjunto de valores y por una historiografía de la música en esencia eurocentrista. Influyen también la falta de valoración de la producción de los compositores nativos de los países latinoamericanos en sus propios países, que tiene como consecuencia que estas obras no se publiquen y por consiguiente no se ejecuten ni promuevan. Contribuye al escaso conocimiento del género el pobre desarrollo de la industria editorial musical en América Latina, hecho evidente hasta nuestros días.

La canción artística, un genero que une la música y la poesía, es sin duda, un tema apasionante e importante debido a sus características únicas en el desarrollo de la estética nacionalista y a su contribución en la formación de una identidad nacional, pero es importante también por su belleza, por su riqueza musical, por las posibilidades de expresión que ofrece, por la diversidad de emociones y realidades que se plasman en cada obra.

Es por esta razón que Mundo Arts Publications se ha comprometido a dar a conocer y promover este repertorio entre los músicos y las audiencias a nivel internacional, contribuyendo de esta manera a la preservación del patrimonio cultural Iberoamericano. Para ellos contamos con un equipo de investigadores conformado por musicólogos, compositores e intérpretes liderado por soprano y musicóloga colombo-española Patricia Caicedo, reconocida internacionalmente como la pionera en la investigación e interpretación de este repertorio.

La mayoría de las obras que forman parte de nuestra colección están siendo publicadas por primera vez. Es por ello que consideramos importante que los libros que conforman la **Colección de Música vocal de América Latina y España** tengan un estudio introductorio que contextualiza a las obras y a sus compositores y poetas. Este estudio se encuentra en español y en inglés. Nuestro objetivo también es el de proporcionar herramientas prácticas para los cantantes y maestros. Por esta razón en todos los libros de la colección el lector encontrará la traducción de las poesías al inglés y la transcripción fonética de los textos al alfabeto fonético internacional (IPA). Todos estos recursos están pensados para hacer de esta una colección moderna y práctica.

Demos pues la bienvenida a esta histórica colección que develará para nosotros los tesoros, hasta ahora escondidos de la música vocal ibérica y latinoamericana.

Mundo Arts Publications

I. Biografía del compositor

Agustín Fernández (1958)

Agustín Fernández nació en Cochabamba, Bolivia, en 1958. Se formó en el Instituto Eduardo Laredo de esa ciudad, donde cursó el bachillerato musical. Estudió composición con Alberto Villalpando en La Paz, enrolándose en el primer Taller de música de la Universidad Católica Boliviana, carrera que completó con el título de licenciado en Música.

Tras un periodo de estudio en Japón con los profesores Takeshi Kobayashi en violín y Takashi Iida y Akira Ifukube en composición, viajó a inglaterra, en donde completó una maestría en la Universidad de Liverpool y un doctorado en la City University de Londres.

En Bolivia ha sido profesor de armonía en el Conservatorio Nacional de Música. En el Reino Unido ha sido compositor residente de la Universidad Queen´s de Belfast y luego docente de composición en Dartington College y en la Universidad de Newcastle, posición que ocupa en la actualidad. En años recientes ha retornado a Boliviapara dictar cursos y talleres en la Universidad Católica, en el Instituto Laredo y en la Orquesta Sinfónica Juvenil de El Alto.

Activo como intérprete desde la niñez, se inició como folclorista, tocando el charango en peñas y teatros hasta que en 1971 ganó el primer premio en el Concurso Interprovincial de Charango de Cochabamba. Como violiista llegó a ocupar el puesto de primera viola de la Orquesta Sinfónica Nacional de Bolivia por cinco años. Ha dirigido orquestas, coros y grupos de música contemporánea en Bolivia, Inglaterra e Italia.

Sus obras conforma un amplio catálogo de composiciones orquestales, corales, vocales, de cámara electroacústicas y para la escena. *Rapsodia* obtuvo el Premio Nacional para jóvenes compositores "Sesquicentenario de la República" en 1975. *Misa de Corpus Christi* fue estrenada en 1978 por la Sociedad Coral Boliviana, el Coro Niños cantores del Valle y la Orquesta Sinfónica Nacional. La ópera electroacústica *Teoponte* fue encargada y estrenada para el Festival Internacional de Ópera de Londres y más tarde ejecutada por la Orquesta de Ulster. *Fuego* ha sido ejecutada por, entre otras, la Juilliard Orchestra y la Sinfónica de Perugia. *Araña Botánica* fue estrenada por el grupo Sequenza de Belfast y luego presentada por Nuove Forme Sonore de Roma, Northem Sinfonia de Newcastle y M. McFall´s Chamber de Edimburgo. La ópera *La rueda* fue encargada y presentada por Garden Venture de la Royal Opera House.

En 2000 la Northem Sinfonia y su coro Sinfonia chorus, estrenaron la obra sinfónico coral Acercándose a Melmoth, con solos para barítono cantados por Sir Thomas Allen. En 2006 Mystical Dances fue estrenada por Northem Sinfonia en el festival de Huddersfield.

Un proyecto reciente fue el Cuarteto N.1 Montes, escrito para el Momenta Quartet de Nueva York y dedicado a la memoria del pintor boliviano Fernando Montes, quien falleció en Londres en enero de 2007. Tras su estreno en Philadelphia, el Momenta ha ejecutado la obra repetidamente en distintas ciudades de los Estados Unidos e Inglaterra

Su obra ha estado representada en festivales como Focus de Nueva York, ISEA de Montreal, Smana Internacional de Nueva Música de Bucarest, Sonorities de Blefast, el Barcelona Festival of Song, Encontro de Compositores e intérpretes Latinoamericanos de Belo Horizonte, Summergardem de Nueva York, Festival Latinoamericano de Caracas, entre otros.

II. El ciclo de canciones Alquimia: los sonidos de un compositor transnacional

En 2006 y por pedido del Barcelona Festival of Song, Agustín Fernández compuso el ciclo de canciones Alquimia con textos del mismo compositor. Este ciclo consta de tres canciones tituladas Desiderata, Dame y Más desiderata.

El estreno de esta obra, al que asistió el compositor, tuvo lugar el 20 de junio de 2006 en el Orfeó Gracienc de Barcelona, España y fue interpretado por la soprano Patricia Caicedo y el pianista Pau Casan. Este ciclo refleja una forma contemporánea de nacionalismo o una forma de neo-nacionalismo, aunque el compositor no se considere a si mismo nacionalista.

Al preguntarle a Fernández si se considera un compositor nacionalista contestó[1]:

> En respuesta a tus preguntas, te diré que yo he vivido el nacionalismo a la inversa, es decir que cuando era joven y vivía en Bolivia mis profesores y colegas despreciaban mi interés por el folclore, considerándolo algo rancio perteneciente a la generación de Caba, Patiño y Salmón Ballivián. Pero mis orígenes musicales como folclorista a mí me habrían hecho imposible el renunciar al folclore como marco de referencia y fuente de ideas. De ese modo me encontré escribiendo música de inspiración popular, cuando a mi alrededor mi generación se interesaba en un modernismo internacionalista. No creo que el nacionalismo musical sea intrínsecamente mejor que cualquier otro enfoque: al contrario, me resulta fatigosa la insistencia en ciertos círculos en que uno tenga que expresar sus orígenes en su trabajo, como quien le dice a uno "zapatero a tus zapatos, y no te metas en lo que no te concierne'. En mi caso el entronque folclórico se debe no a una propuesta política sino a razones personales: aunque nací en Cochabamba, me crié en un pueblo del oriente, y cuando volví a la ciudad rugía el renacimiento popular de los años sesenta, entonces me hice folclorista antes de aprender música clásica. Negar ese pasado sería absurdo.
> No, no me considero un compositor nacionalista.
> A la hora de componer soy todas las cosas que he vivido. Haber nacido y crecido en Bolivia es una parte enorme de eso, pero también lo es el haber vivido en Japón y en el Reino Unido. Todos estos lugares me han influenciado no como instituciones o estados, sino como paisajes, sabores, olores, gente, maneras de vivir y expresar las cosas.

Con sus palabras Fernández se presenta como un individuo transnacional. Si hacemos uso de la definición de Dahlhaus[2] de nacionalismo, podríamos ver cómo el compositor no se identifica con el "estilo nacional", pero al analizar su música encontramos referencias a su cultura de origen, es decir su música proyecta un conjunto de valores culturales propios de una nación con identidad cultural subjetiva compartida. Estos elementos son percibidos por el compositor, el intérprete y la audiencia.

1. FERNÁNDEZ, Agustín. "Re: de las canciones". E-mail para Patricia Caicedo. 11 de mayo, 2006.

2. "Si el compositor pens[o una obra musical como de carácter nacional y sus oyentes lo creen, este hecho es algo que el historiador debe considerar como un hecho estético, aun si el análisis estilístico no presenta ninguna evidencia"

> Más que los compositores de las generaciones nacionalistas, los vanguardistas han sabido mediar los sonidos de sus obras a través de su propia humanidad, repensada y reconstruida de acuerdo con las preocupaciones socio-culturales de un momento existencial. Y es en este sentido que el compositor caribeño no ha dejado de ser "nacional" aunque haya rechazado, de un principio, el nacionalismo anterior. Su trascendencia de lo obvio, en el ámbito nacionalizante inmediato, no ha dejado, por eso, de contribuir al concepto dinámico pero múltiple de nacionalidad, sea ella cubana, mexicana, dominicana, puertorriqueña, pero siempre de modo simbólico[3].

Podemos ver como la postura y la obra de Fernández concuerdan con lo anteriormente expresado. En la primera canción del ciclo, titulada Desiderata I, el compositor hace uso de una melodía tradicional de origen indígena que escuchara desde sus años de infancia, pero el tratamiento que da al acompañamiento, que por momentos se acerca al jazz y por momentos a la música atonal, viste a la melodía con un ropaje diferent. Fernández hace uso de técnicas compositivas contemporáneas para expresar su contexto, un contexto boliviano, que trata de temas de fuerte contenido social y relacionado con la cultura de su país.

Dice Fernández: "La canción *Dame* evoca material de la canción moxeña Piama, un tema popular de los años sesenta de la zona de Santacruz, Bolivia. El texto en castellano es original mío, pero está concebido a imitación del sonido de las palabras moxeñas."

Según palabras del propio Fernández, su música proyecta su estancia en el Japón y su residencia en Inglaterra. Yo añadiría que proyecta también a las músicas de consumo masivo, al jazz y a una infinidad de elementos que se confunden y funden en sus canciones. Habla esta música de los movimientos internos y externos del compositor y proyecta los entornos que este ha habitado y recorrido. Es decir, su música proyecta también los valores de todas las culturas que el compositor ha experimentado, convirtiéndolo en un compositor transnacional.

Deberíamos entonces asumir que el ser transnacional admite la coexistencia de varias identidades, pero que al mismo tiempo reafirma la identidad de la nación de origen.

Nos encontramos ante la paradoja del sujeto que se siente identificado con elementos de las culturas que visita, que se integra y que adopta hábitos y posturas de la cultura adoptiva, pero que al mismo tiempo es un individuo al que constantemente se le recuerda su lugar de orígen. Agustín Fernández es representativo del compositor latinoamericano contemporáneo, un compositor que adoptando los lenguajes internacionales los integra y construye un entorno sonoro único y universal.

---

3. BEHAGUE, Gerard. "La problemática de la identidad cultural en la música culta hispano-caribeña". Latin American Music Review-Voluume 27, Number 1, Spring/Summer 2006, 38-46.

III. Guía de interpretación y reglas de dicción del español

La interpretación de la canción artística entraña especiales retos para el cantante, quien debe conocer a la perfección el poema y su significado, al igual que el ritmo que tienen las palabras habladas. Estructura, movimiento del verso, organización de las líneas, rima y estrofas determinan la forma de interpretar estas canciones.

Para lograr la óptima interpretación de estas canciones sugerimos al cantante que lea muy bien el texto, que lo recite y que lo entienda, para lo cual, en caso de que su lengua materna no sea el español o el portugués brasileño, se podrá servir de las transcripciones al Alfabeto Fonético Internacional (IPA - International Phonetic Alphabet) y las traducciones al inglés que encontrará en la página precedente a cada canción.

Hemos puesto una página que sólo contiene el texto poético y sus traducciones antes de la música para obligar al cantante a leer primero y entrar en el universo del poeta y percibir las sutilezas emocionales del texto antes de tener contacto con la música.

En todas las canciones, pero especialmente en las de forma estrófica, de estructura muy similar a la de las canciones populares -ya que en ellas se repite una y otra vez el mismo tema musical pero con distintas estrofas-, es especialmente importante la aportación del cantante, quien le da vida a la canción y la hace interesante por medio del cambio de colores e intensidad de la voz. Él es quien le da expresión de acuerdo al significado.

Hemos de recordar al cantante que su objetivo último es el de comunicar, el de contar una historia, el de comunicar un sentimiento. Más que mostrar una bella voz, el cantante está comunicando y es por ello que es tan importante interiorizar el texto y su significado y tratar de buscar en los propios recuerdos, en la propia historia, sentimientos semejantes que pudieran ayudarnos en el momento de interpretar.

Una vez que se ha leído este texto varias veces y se ha entendido su significado, sugerimos identificar su puntos climáticos, es decir la frase o frases que sintetizan o resuelven el contenido emocional de la pieza Cada cantante expresará a su modo las emociones contenidas en la canción y revelará de una manera personal el clímax de la misma. En la medida en que el cantante trabaje las obras junto con el pianista, irá identificando otros puntos climáticos relacionados con la melodía, el acompañamiento y con su propia sensibilidad.

En la obra de Fernández es de especial importancia trabajar los ritmos y las líneas melódicas, líneas que acentún la mayoría de las veces el contenido poético.

En cuanto a la pronunciación del español de Bolivia, nos encontramos con el tópico de los acentos regionales, el cual genera controversia por la diversidad tan grande de acentos y pronunciaciones que existen en la extensa geografía boliviana. Esta diversidad de pronunciación dificulta el establecimiento de normas. Lo que si podemos hacer es señalar las tendencias de pronunciación generales de órden constante:

1. El español es un idioma vocálico.

2. Se pronucia tal como se ve escrito.

3. En el español la periodicidad o ritmo del lenguaje está determinada por la sílaba. Cada sílaba en el español tiene la misma duración.

4. En el español existen cinco sonidos vocálicos: /a/, /e/, /i/, /o/, /u/.

5. En el español hablado en España existe el ceceo que consiste en que cada vez que las letras /c/ y /z/ están seguidas de i o e se pronuncian como [θ]. Es un fricativo que se pronuncia sacando la lengua y poniéndola entre los dientes, como el sonido /th/ del inglés. En el español de Latinoamérica estas mismas letras se pronuncian como s [s], lo cual se denomina seseo. Existen algunas regiones de Puerto Rico, El Salvador, Honduras y Colombia en donde las s se pronuncian como [Σ]. Pero la regla general es pronunciar las /c/, /z/ y /s/ como [s].

6. La aspiración o pérdida de la /s/ final de las sílabas: Este rasgo de naturaleza esporádica se extiende a las regiones que comprenden las islas caribeñas de Puerto Rico, Cuba y República Dominicana, así como las costas de Colombia, Ecuador, México, Norte del Perú y Chile. También aparece en El Salvador y Panamá.

7. Nivelación de la /ll/ y /y/: Este fenómeno conocido como yeísmo aparece en casi toda América Latina, pero es de predominio urbano. Se caracteriza por la falta de distinción entre la /ll/ y /y/. El sonido de /ll/ es reducido al de [j].

8. Se destacan algunas regiones de pronunciación rehilada o exagerada de la /y/ lo cual se conoce como zheísmo para lo cual usaremos el signo [ʒ]. Estas regiones corresponden a Argentina y Uruguay, con mayor intensidad en la región del Río de la Plata, y con menos intensidad se oye en Puerto Rico, en la región de Antioquía (Colombia) y en los estados de Oaxaca, Puebla y Veracruz de México.

THE BOLIVIAN ART SONG

AGUSTÍN FERNÁNDEZ

ALQUIMIA

VII. Desiderata

VIII. Dame

IX. Más desiderata

Song cycle for soprano and piano.
Poetry and Music by Agustín Fernández

LATIN-AMERICAN AND SPANISH VOCAL MUSIC COLLECTION

It is with pride and pleasure that Mundo Arts Publications presents the Latin-American and Spanish vocal music collection.

For centuries the study of vocal music has focused on the European repertory, almost completely failing to recognize the great richness and variety of the music written by composers from Latin America and Spain. The academic curricula is based on teaching that which is considered to be the "main stream repertoire" of artistic music, which is mainly composed of a European repertoire, from those countries mentioned previously. This orientation is determined by a combination of values and historiography of the music which is totally euro centrist.

Many other factors contribute to the ignorance of the Latin American art song repertoire; first of all, the lack of validation of the production of the native composers in the Latin American countries, which results in works being left un-published and as a consequence they are neither performed nor promoted.

The Latin American art song, which began to be composed on a par with the birth of the Latin American nationalist movements, became a means of expression and reaffirmation of the national identities and had its most prolific period at the dawn of the twentieth century, mainly from the twenties, when the Latin American composers began in a conscious manner to take inspiration from popular music and folk music sources, and to write in their own language, taking texts from native poets. This is when the most prolific period of the Latin American art song began. The genre took on the perfect vehicle in which to embody the nationalist ideas, since it allowed access to the literary, which would be the most direct way to reach the wider more general public.

Now that we have seen the importance of the genre of the art song, its unique characteristics in the development of the national aesthetics and its contribution towards the formation of a national identity, we have started our journey into this study with the aim of opening the door to the knowledge of a music genre, the Latin American art song, which even now, is virtually unknown to musicians, musicologists and the general public.

Mundo Arts Publications has committed itself to introducing and promoting this repertory among musicians and audiences at the international level, contributing in this way in the preservation of the Ibero-American cultural patrimony.

For this purpose, we rely on a team of researchers comprised of musicologists, composers and vocalists, led by Colombian-Spanish soprano and musicologist Dr. Patricia Caicedo, recognized internationally as the pioneer in the investigation and performance of this repertory.

The Latin-American and Spanish Vocal Music Collection will publish works written from the nineteenth century to the present. The majority of the works that will form part of our collection are being published for the first time, which is why, despite being of great musical quality, they are unknown until now. It is for this reason that all of the books that comprise the Latin-American and Spanish Vocal Music Collection have an introductory study that contextualizes the works and their composers and poets. This study will be presented in Spanish and English.

Because we are also trying to provide practical tools for singers and teachers, the collection will also provide a translation of the poems into English and a phonetic transcription to the IPA. All of these resources are intended to make the Latin-American and Spanish Vocal Music Collection a modern and practical collection that provides all the tools necessary for a correct performance of the works.

We therefore welcome this historic collection that will reveal to us the hitherto unknown treasures of the vocal music of Ibero-America.

Mundo Arts Publications

I. COMPOSERS BIOGRAPHY

Agustín Fernández (Cochabamba, Bolivia, 1958)

Agustín Fernández was born in Cochabamba, Bolivia, in 1958. He trained at the Eduardo Laredo Institute of the same city, where he gained his musical bachelor. He studied composition with Alberto Villalpando in La Paz, he was enroled in the Bolivian Catholic University's first music workshop, a degree which on completion gave him the title: Dr. of Music. After a period of study in Japan, with the violin teacher Takeshi Kobayashi and Akira Ifukube in composition, Fernández traveled to England where he completed a master's degree at the University of Liverpool and a doctorate at London's City University. In Bolivia he has been a harmony teacher in the National Conservatory of Music. In the United Kingdom, he has been the resident composer of Belfast's the Queen's University and later a composition teacher at Darlington College and at the University of Newcastle, the position which he currently occupies. In recent years he has returned to give courses and workshops at the Catholic University, at the Laredo Institute and at the Juvenile Symphonic Orchestra of El Alto.

A performer since childhood, he started off as a folklorist playing the charango, a small guitar, in folk clubs and theatres until in 1971 he won first prize in Cochabamba's Interprovincial Charango Competition. As a violist he came to occupy the position of first viola player in Bolivia's National Symphonic Orchestra for five years. He conducted orchestras, choruses and contemporary music groups in Bolivia, England and Italy.

He began teaching in 1977 at the National Conservatoire in La Paz, where he taught harmony and composition, followed by language teaching in Tokyo and Komagane, Japan. In the United Kingdom his jobs included four years as Composer-in-Residence at Queen's University, Belfast, where the duties included the chairmanship of the Sonorities Festival. Following a spell as lecturer in Dartington College of Arts, in 1995 he was appointed lecturer in composition at Newcastle University, then senior lecturer and, from August 2007, chair in composition.

His list of works includes the operas Teoponte, which was commissioned for the 1988 London International Opera Festival and The Wheel, commissioned by the Royal Opera House's Garden Venture in 1992.

Fuego and Peregrine have received premières at the Alice Tully Hall in Lincoln Center, the latter also being played repeatedly at The Sage Gateshead. Following the good reception accorded in March 2000 to the orchestral-choral work Approaching Melmoth with Northern Sinfonia and NS Chorus and Sir Thomas Allen in the solo part, a new commission, Mystical Dances, received its première at the Huddersfield Festival in November 2006, and was performed again on 1 August 2007 at The Sage Gateshead, conducted by Alexander Shelley. String Quartet No. 1, 'Montes', dedicated to the memory of painter Fernando Montes, was written for the Momenta Quartet of New York and, since 2008, is being widely performed by them. Misa de Corpus Christi, for childrens' choir, mixed choir, baritone and orchestra, was recently reconstructed following its loss, and received a series of performances by Orquesta Juvenil del Instituto Laredo with massed choirs, opening with a première at Centro de Convenciones El Campo, Cochabamba, on 28 October 2010.

His music has been performed at numerous festivals, such as London International Opera Festival, Focus (New York), Barcelona Festival of Song, Sonorities (Belfast), Jornadas de Música Contemporánea (La Paz and Cochabamba), Festival Latinoamericano de Música (Caracas), Encontro Latinoamericano de Compositores e Intérpretes (Belo Horizonte), Nutida Musikdagar (Malmö), International New Music Week (Bucharest) and others.

II. THE ALQUIMIA SONG CYCLE: THE SOUNDS OF A TRANSNATIONAL COMPOSER

One of the most recent works of Fernández is his cycle of songs *Alquimia* which was written for the Barcelona Festival of Song 2006 and premiered on June the 20th, 2006 at the Orfeo Grancienc in Barcelona by soprano Patricia Caicedo and pianist Pau Casan.

This cycle without a doubt reflects a "contemporary" form of nationalism or a form of neo nationalism, even though the composer does not consider himself to be nationalist.

I will thus quote Fernández and the affirmative answer which he could have given my question if he were to consider himself a nationalist composer:

> "In response to your questions, I will tell you that I have experienced nationalism the other way round, which is, when I was young and lived in Bolivia, my teachers and colleagues rejected my interest in folklore. They considered it something old-fashioned belonging to the generation of Caba, Patiño and Salmón Ballivián. But my musical origins as a folklorist would have made it impossible for me to abandon folklore as a reference point and source of ideas. In this way I found myself writing music of popular inspiration, whilst all around me my generation was taking interest in an internationalist modernism. I don't believe that musical nationalism is inherently better than any other focus: on the contrary, I am tired of the insistence in certain circles on one having to express their origins in their work, as one might say to another "the cobbler should stick to is last, and mind your own business". My relationship with folk music is due not to a political proposal but to personal reasons: although I was born in Cochabamba, I grew up in an eastern village and when I returned to the city the popular seventies revival was at an all time high, thus I became a folklorist before learning classical music. And to deny this past would be absurd.
>
> No, no I don't consider myself as a nationalist composer.
>
> At the moment of composing I am all the things which I have experienced. To have been born and raised in Bolivia is an enormous part of this, but also is having lived in Japan and in the United Kingdom. All these places have influenced me not as institutions or

states, but as countryside, flavours, smells, people and ways of experiencing and expressing things."

What Fernández seems to want to say in this letter, if we make use of the Dalhaus' definition of nationalism is that he does not identify with the "national style", but perhaps we could say, after analyzing his music which is in fact nationalist, in the broad sense which we have wanted to define, is that his music projects an ensemble of cultural values typical of a nation with a shared subjective cultural identity. The composer, the performer and the audience perceive these elements.

In the first song of the cycle, titled Desiderata I, the composer makes use of a traditional melody of Indian origin, a melody which he would have listened to since his childhood years, but his treatment of the accompaniment, which at times brings us closer to jazz and at others to atonal music, gives this melody a different embellishment. Fernández makes use of contemporary compositional techniques in order to express his context, which is a Bolivian context, but not Bolivian alone. The texts of the songs belonging to this cycle, written by the same composer are based on Bolivian themes which posses a strong social content and have profound relations with the country's culture.

Fernández says:

> "*Give me* evokes material from the song Piama, from Moxos in the department of Santa Cruz, Bolivia. Of rural, Indian origin, it was popular in the eastern Bolivian cities in the sixties. The Spanish text is by myself, but conceived as an approximate imitation of the Indian words, at times alluding also to their meaning. Hence the text's resistance to translation."

According to Fernández's very own words his music projects his stay in Japan and his residence in England. We could add that he also projects music of mass consumption, jazz and an endless amount of other elements which all become confused and fused within his songs. This music speaks of the composer's internal and external movement and it projects the environments in which he has lived and travelled around.

The case of Fernández is representative of the situation of Latin American academic music composers, thus it may be that we are experiencing a trans-nationalism situation, one, which we must now begin to describe, and "classify".

III. INTERPRETATIVE GUIDE AND SPANISH DICTION GUIDE

"L'essentiel dans l'art est l'expression"[7]
Victor Cousin[8]

Performing the art song entails special challenges for the singer, who should know the poem and its meaning perfectly, as well as the rhythm of the spoken words. Structure, verse movement, line organization, rhyme, and stanzas determine the manner for performing these songs.

To obtain the optimal performance of these songs, we suggest that the singer read the text very well, that he or she recite it and understand it. In order to do this, in case one's mother tongue is not Spanish, he or she can use the International Phonetic Alphabet transcriptions and the English translations that can be found on the page before every song.

We have put a page, which only contains the poetic text and its translations, before the music, in order to make the singer read the poetry first, and enter into the poet's universe and perceive the emotional subtleties of the text before having contact with the music.

In all of the songs, but especially in the ones with stanza form, structured very similarly to popular songs – because in them the same musical theme is repeated over and over again, but with different stanzas – the contribution of the singer is especially important because he or she gives life to the song and makes it interesting through the change of coloration and the intensity of voice. It is the singer who gives the song expression according to the meaning.

We must remind the singer that his or her final objective is to communicate, to tell a story, to communicate a feeling. It is more than showing a beautiful voice; the singer is communicating and this is why it is so important to interiorize the text and its meaning and to try to find in one's own memories, in one's own life, similar feelings that could help us when the time comes to perform.

Once one has read this text numerous times and has understood its meaning, we suggest identifying its climatic points, in other words, the phrase or phrases that synthesize or resolve the emotional content of the piece. Every singer will express the emotions contained in the song in his or her own way, and will reveal the climax of the song in a personal way. As the

---

[7] The most important thing in art is the expression
[8] Victor Cousin, French writer and philosopher (1792-1867).

singer works on the songs with the pianist, he or she will begin identifying other climatic points related to the melody, the accompaniment, and with his or her own sensibility.

Regarding the pronunciation of Bolivian Spanish, we find ourselves on the topic of regional accents, which generates controversy due to the great diversity of accents and pronunciations that exist in Colombia's vast geography.

Every region has its characteristic accent. This diversity of pronunciations makes the establishment of norms difficult, because there would be an endless number of them, which would be very impractical when it came to performing the songs. What we can do is point out general pronunciation tendencies, whether of constant or sporadic nature, which we suggest should be put into practice when it comes time to perform songs in Spanish written by Latin American composers. They are:

1. In Castilian Spanish, the ceceo phenomenon exists, which means every time that the letters /c/ and /z/ are followed by i or e, they are pronounced [θ]. It is a fricative that is pronounced by sticking out the tongue and putting it between one's teeth, as in the /th/ sound in English. In Latin American Spanish and particularly in Colombia, these same letters are pronounced like s [s], which is called seseo. In the Antioquia region, s's are pronounced as [Σ]. But the general rule is to pronounce /c/, /z/, and /s/ as [s].

FOOTNOTE:
Lehmann, Lotte: More than Singing: The Interpretation of Songs. Dover Publications Inc., New York, 1985. "It is useful to ask oneself the following questions: In what situation or state of mind was this poem born? What drama, dream, or experience inspired its birth?" And I would add the following: Have I been in a similar situation? If I have, how did I feel? And if I haven't, how would I feel?

3. Leveling of the /ll/ and /y/: This phenomenon known as yeismo appears in almost all of Latin America, but it is predominantly urban. It is characterized by a lack of distinction between the /ll/ and the /y/. The sound of the /ll/ is reduced to the [j].

Textos poéticos / Poetic Texts

TEXTOS POÉTICOS / POETIC TEXTS

Los textos poéticos han sido escritos y traducidos por Agustín Fernández. / The poetic texts have been written and translated by Agustín Fernández.

Desiderata	**Desiderata**
Salir	To leave
De la prisión	the prison
Que asfixia el alma	that suffocates the soul
Pasar	To pass
Entre las rejas	Between the bars
Que enjaulan el vuelo	That cage the flight
De los deseos	Of one's desires
Soltar	To unbind
Las ataduras	The ties
Que ciñen los pies	That hold one's feet
Al centro de la tierra	To the centre of the earth
Inhalar	To inhale
Las moléculas	The molecules
Que orbitan más allá	That orbit beyond
De la duda y el temor	Doubt and fear
Abrir	To open
El portal del silencio	The gates of silence
Que salgan las palabras	Let words come out
Que salgan, que limpien, que hieran	Let them come out, let them cleanse, let
Que salven	them hurt, let them save
Descubrir	To uncover
Los secretos	The secrets
Aunque causen destrucción	Even if they cause destruction
Flotar	To float
En las alturas	In the heights
Donde vuelas tú,	Where you fly
En el reino del norte del río.	In the kingdom north of the river

II. Dame (In memoriam Rogers Becerra Casanovas)

Dame, dame, con temeridad
Aunque yo callare, chocolate

Porqué condena sufrir aquí
Si tú tienes la llave para escapar?

Pasa, pasa, pasa tu maná
Desde las alturas para alimentar

Ni que pureza más iraní
Nadie, nadie, nadie, tema al álcali
Nadie tema al alcaloide

Dame, dame, hoja de mascar
Si yo acullicare qué felicidad

Ni que potencia conminará
Saque, saque, saque, erradíquela

Porque soy pobre nadie me quiere
Nadie me quiere dar lo que quiero yo
Ni chocolate en tutuma
Ni hoja que masticar

Te ama, te ama mi necesidad
Yungas o Chapare, tú curas el mal.

Give Me (In memoriam Rogers Becerra Casanovas)

Give me, give me, with temerity
Even if I were silent, chocolate

On what sentence should I suffer here
If you hold the key to escape?

Pass, pass, pass your manna
From the heights to feed

What an Iranian purity
No-one, no-one, no-one should fear the Alkali
No-one should fear the alkaloid

Give me, give me, leaf to chew
If I mull, oh what joy

What power will command
Take it out, take it out, take it out, eradicate it

Because I am poor no-one loves me
No-one wants to give me what I want
Not chocolate in a gourd
Not leaf to chew
Not sleep to fall into

My need loves you, loves you
Whether Yungas or Chapare, you heal illnesses.

III. Más desiderata

Escalar tus cumbres
Aunque en las alturas
Me embriague el vértigo

Abrirme paso en tu monte
A golpe de machete
Aunque me desgarren tus espinos

Surcar tus aguas
Aunque en lo profundo
Naufrague yo

Llegar, por fin,
Acercarme a ti,
Y decirte:
He cruzado mundos
He cobrado victimas
He retado a los dioses
He parado a las orbitas
Y he desviado trayectorias
Y ahora que he llegado
Necesito que seas
Mi patria.

III. More desiderata

To climb your peaks
Even if in the heights
Vertigo intoxicates me

To break a path for myself through
your forest
By force of machete
Even if your thorns rend me

To open a groove in your sea
Even if in its depths
I am shipwrecked

To arrive, at last,
To come close to you
And to tell you:
I have crossed worlds
I have claimed victims
I have defied the gods
I have halted orbits
And have deflected trajectories
And now that I have arrived
I need you to be
My homeland.

TRANSCRIPCIÓN FONÉTICA
PHONETIC TRANSCRIPTION

DESIDERATA
de.si.ðe'ra.ta

Salir   de la   prisión que asfixia el   alma
sa`liɾ   de la   pɾi.sjon ke‿as`fik.sja el   `al.ma

Pasar   entre. las. rejas. que enjaulan el   vuelo de. los. deseos
pa.saɾ   'en.tɾe las 're.xas ken̲`xwu.lan el   `bwe.lo de   los de`seos

Soltar   las ataduras   que ciñen   los pies al centro de la tierra
sol'taɾ   las a.ta'ðu.ɾas ke   'si.ɲen. los 'pjes al 'sen.tɾo de la 'tje.ra

Inhalar   las moléculas   que orbitan   más   allá   de la duda y el temor
in.a'laɾ   las mo'le.ku.las ke‿oɾ'βi.tan   'mas a'd͡ʒa de la 'du.ða i̲el te'moɾ

Abrir el portal del silencio
a'βɾiɾ el poɾ'tal del si'len.sjo

Que salgan   las. palabras,   que salgan, que limpien, que hieran, que salven
ke   'sal.ɣan las. pa'la.βɾas ke 'sal.ɣan   ke 'lim.pjen ke 'ie.ɾan   ke 'sal.βen

Descubrir los secretos. aunque causen   destrucción
des.ku'βɾiɾ los se'kɾe.tos 'aun.ke   'kau.sen des.tɾuk'sjon

Flotar en las alturas   donde vuelas. tú
flo'taɾ   en las‿al'tu.ɾas 'don.ðe   'bwe.las tu

en   el reino del norte. del río
en. el. 'rei.no del 'noɾ.te del 'ri.o

DAME

Dame dame con temeridad. aunque yo callare, chocolate
'da.me 'da.me kon te.me.ɾi'ðað 'aun.ke d͡ʒo ka.d͡ʒa'ɾe t͡ʃo.ko'la.te

Porqué condena sufrir aquí si tú tienes la llave. para escapar?
poɾ'ke. kon'ðe.na su'fɾiɾ a'ki. si tu 'tje.nes la d͡ʒa.βe 'pa.ɾa es.ka'paɾ

Pasa, pasa, pasa tu maná desde. las alturas. para alimentar
'pa.sa 'pa.sa 'pa.sa tu ma'na 'des.ðe las al'tu.ɾas 'pa.ɾa a.li.men'taɾ

Ni que. pureza más. iraní, nadie, nadie, nadie tema al alcalí
ni 'ke pu.'ɾe.sa mas. i'ɾa.ni 'na.dje na.dje. na.dje 'te.ma͜l.ka'li

nadie tema al alcaloide
'na.ðie 'te.ma͜l.ka'loi.ðe

Dame dame hoja de mascar si yo acullicaré qué felicidad
'da.me 'dame 'o.xa de mas'kaɾ si d͡ʒo͜a.ku.d͡ʒi.ka'ɾe ke fe.li.si'ðað

Ni que potencia conminará saque, erradíquela
ni ke po'ten.sja kon.mi.na'ɾa 'sa.ke. e.ɾa'ði.ke.la

Porque soy pobre nadie me quiere dar lo que quiero yo
'poɾ.ke 'soi 'po.bɾe 'na.ðje me 'kje.ɾe dar lo ke. 'kje.ɾo d͡ʒo

ni chocolate en tutuma. ni hoja que masticar
ni t͡ʃo.kp'la.ten tu'tu.ma 'njo͜.ja ke mas.ti'kaɾ

Te ama la necesidad, Yungas o Chapare, tú curas el mal
te͜a.ma la ne.se.si'ðað 'd͡ʒun.ɣas o t͡ʃa'pa.ɾe tu 'ku.ɾas el mal

MAS DESIDERATA
mas de.si.ðeˈɾa.ta

Escalar tus cumbres aunque en las alturas me embriague el vértigo
es.kaˈlaɾ tus ˈkum.βɾes ˈaun.ke̯n las alˈtu.ɾas me̯mˈβɾja.ɣe̯l ˈbeɾ.ti.ɣo

Abrirme paso en. tu monte a golpe. de machete
aˈβɾiɾ.me ˈpa.so̯en tu ˈmon.te̯aˈɣol.pe de maˈt͡ʃe.te

aunque me desgarren tus espinos
ˈaun.ke me desˈɣa.ren tus esˈpi.nos

Surcar tus aguas. aunque en lo profundo naufrague yo
suɾˈkaɾ tus. aˈɣwas ˈaun.ke̯n lo. proˈfun.ðo nauˈfɾa.ɣe d͡ʒo

Llegar por fin, acercarme a ti, y decirte:
d͡ʒe.ɣaɾ poɾ fin a.seɾˈkaɾ.me̯a ti i deˈsiɾ.te

He cruzado mundos, he cobrado víctimas, he retado a los dioses
e kɾuˈsa.ðo ˈmun.ðos. he koˈβɾa.ðo ˈbikˈti.mas he reˈta.ðo̯a los ˈdjo.ses

he parado a las órbitas y he desviado trayectorias
he paˈɾa.ðo̯a las ˈoɾ.βi.tas i̯e desˈβja.ðo tra.d͡ʒekˈto.ɾjas

Y ahora que he llegado necesito que seas mi patria
i̯aˈo.ɾa ke d͡ʒeˈɣa.ðo ne.seˈsi.to ke ˈse.as mi ˈpa.tɾja

PARTITURAS / SHEET MUSIC

I. Desiderata

Poesía y Música de
Agustín Fernandez
(1958)

© Agustín Fernandez
© Mundo Arts Inc. New York, 2009

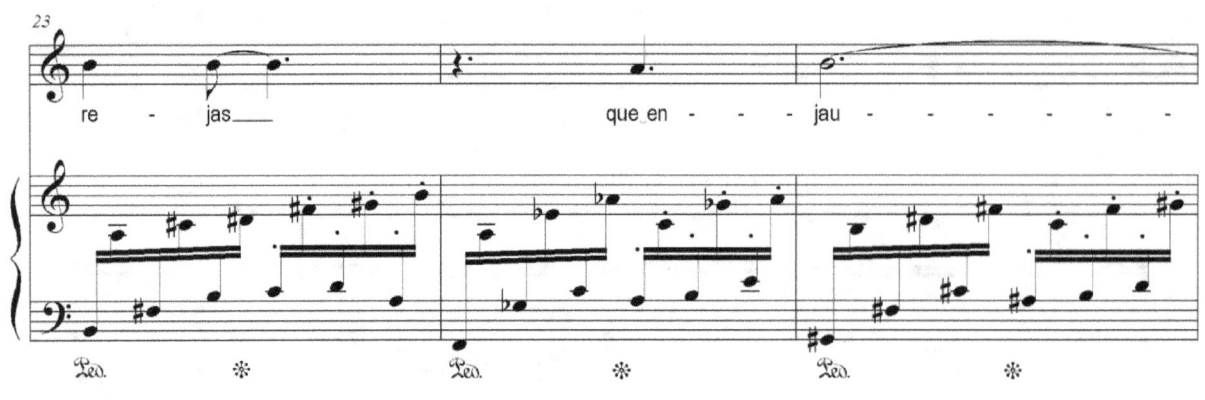
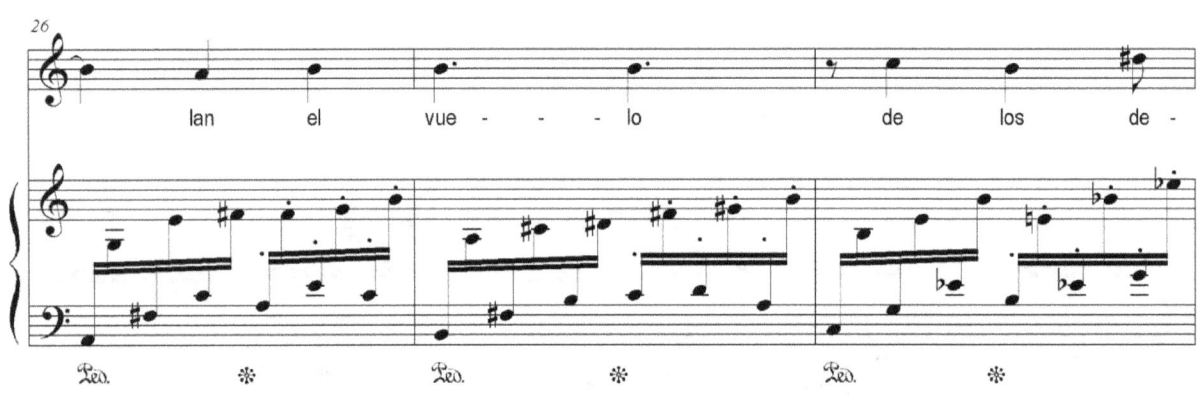

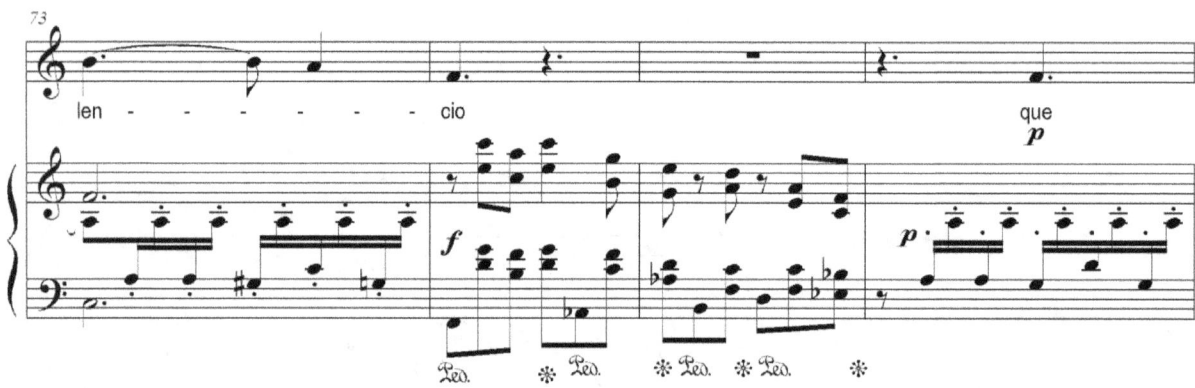

sin cambiar el tempo

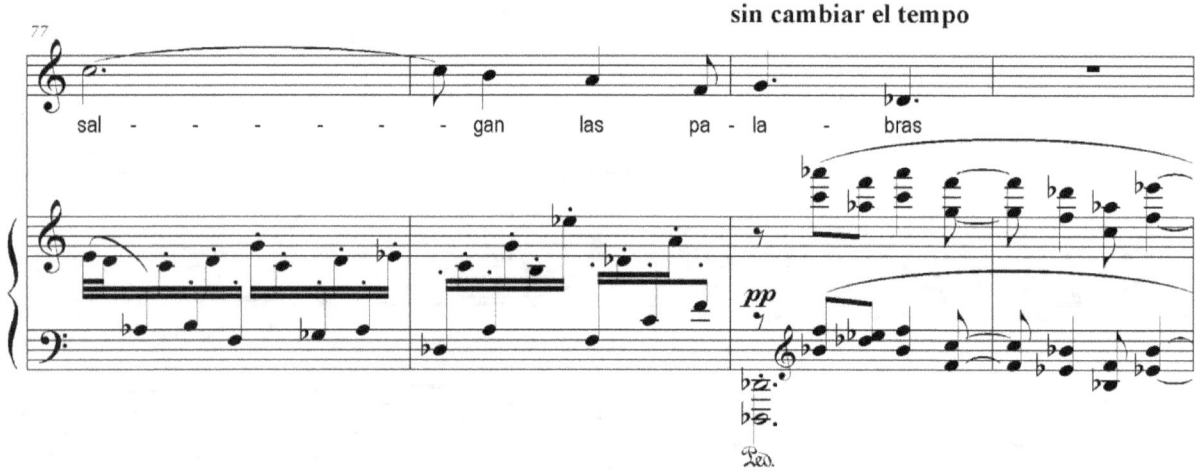

II. Dame

Poesía y Música de
Agustín Fernandez
(1958)

Con ligereza de danza chovena y cierto aire de travesura ♩= 72

© Agustín Fernandez
© Mundo Arts Inc. New York, 2009

III. Más Desiderata

Poesía y Música de
Agustín Fernandez
(1958)

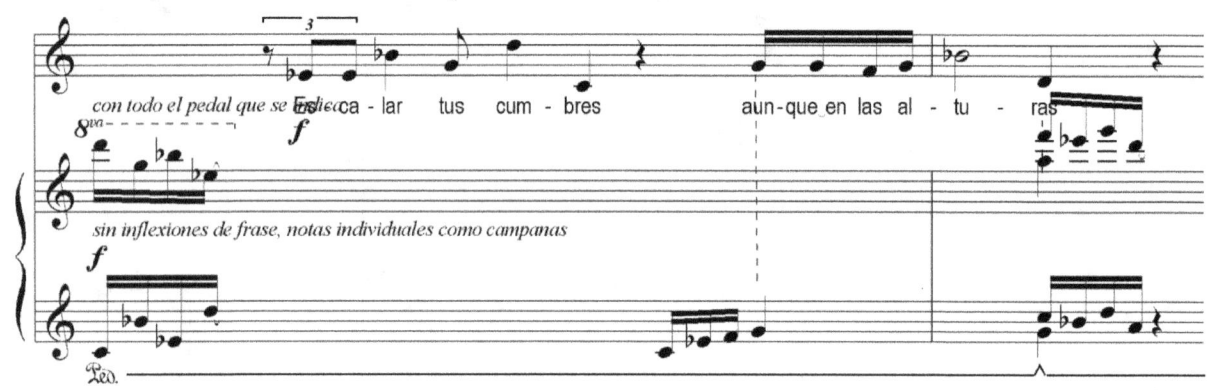

© Agustín Fernandez
© Mundo Arts Inc. New York, 2009

SOBRE LA AUTORA

Una de las más activas intérpretes e investigadoras del repertorio vocal Ibérico y latinoamericano, la soprano hispano-colombiana Patricia Caicedo ha actuado en escenarios de Italia, España, Alemania, Portugal, Rusia, Holanda, Dinamarca, Estados Unidos, Canadá y numerosos países de América Latina.

Como experta en el estudio e interpretación del repertorio vocal Ibérico y latinoamericano es invitada con frecuencia a dar clases en universidades de los Estados Unidos y Europa. Ha publicado 8 libros y 9 CDs considerados de referencia en su campo.

Patricia es la fundadora y directora del *Barcelona Festival of Song®*, curso de verano y ciclo de conciertos dedicado al estudio de la historia y la interpretación del repertorio vocal Ibérico y latinoamericano que en 2020 llega a su decimosexta edición.

Por su valioso aporte a la música fue incluida en 2008 en la prestigiosa publicación *Who's Who in America* y a partir del 2010 en *Who's Who in American Women* and *Who's Who in the World*.

Es doctora en musicología por la Universidad Complutense de Madrid y médica por la Escuela Colombiana de Medicina.

ABOUT THE AUTHOR

One of the most active performers and researchers of the Iberian and Latin American vocal repertoire, the Spanish-Colombian soprano Patricia Caicedo has performed in Europe, North America, and Latin America. She has published eight books, and nine CDs considered as a reference in the field.

Patricia is the founder and director of the Barcelona Festival of Song®, a summer course and a series of concerts dedicated to the study of the history and interpretation of the Iberian and Latin American vocal repertoire that reaches its sixteenth edition in 2020. She holds a Ph.D. in musicology from the Universidad Complutense de Madrid a Medical Doctors degree from the Colombian School of Medicine.

www.patriciacaicedo.com

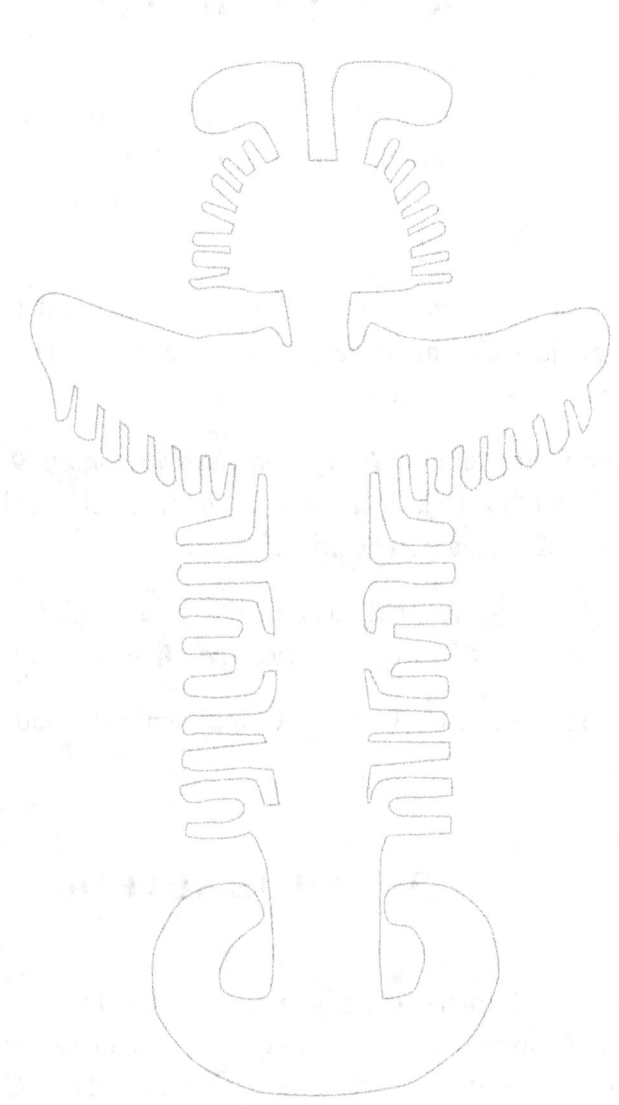

Summer Program and Concert Series of Latin American and Iberian Vocal Music Collection

A ten day summer program for classical singers, pianists and guitarists dedicated to the study of the history and interpretation of the Latin American and Iberian art song repertoire in Spanish, Catalan and Portuguese.

A unique opportunity to immerse yourself in this repertoire and sing in one of the most vibrant cities of the world.

barcelonafestivalofsong.com

Be part of the Mundo Arts world!

Mundo Arts E-Store brings you the world of Latin-American & Spanish Classical music in just one click!
In our site www.mundoarts.com, singers, pianists and music lovers will find all the resources they need to learn about the Latin-American & Spanish Vocal Music. You will find there sheet music, books, CD's, MP3, tutorials and expert advice to help you develop a repertoire that is right for your voice.

At Mundo Arts site you can join our community and become a Splinger! A Splinger is a person who loves, likes, supports and/or performs Spanish and Latin-American vocal music. Join today and start receiving exclusive Splinger's benefits.

Mundo Arts descubre para usted el universo de la música vocal de América Latina y España en un solo click!

El sitio web de Mundo Arts, www.mundoarts.com es un lugar en donde los cantantes, pianistas y amantes de la música encontrarán todos los recursos que necesiten para poder dar vida a la música vocal de América Latina y España. Allí encontrarán partituras, libros, MP3, guías de pronunciación y asesoría profesional para ayudarlo a desarrollar un repertorio que es perfecto para usted.
Con su moderno sistema de video stream usted podrá tomar clases, asistir a conciertos y conferencias y recibir consejo, todo online. En el sitio web de Mundo Arts usted podrá registrarse, entrar a formar parte de nuestra comunidad y empezar a recibir los beneficios exclusivos de los Splingers! Un Splinger es una persona que ama, le gusta, apoya y/o ejecuta el repertorio vocal de América Latina y España.

Mundo Arts Records offers you a collection of CDs specialized in Latin-American & Spanish Vocal Music. You will be able to find info about our CDs at www.mundoarts.com

Mundo Arts Records le ofrece una colección de CDs especializado en la música vocal de América Latina y España. Usted encontrará información sobre nuestros CDs en www.mundoarts.com

A Summer Course and Concert Series focused on the History and Interpretation of the Latin American & Spanish Art Song. Since its beginning in 2005 the Festival has received students and faculty members from important U.S. and European universities. Singers, pianists, guitarists and musicologists who attend this event have the opportunity to learn and perform this important repertoire in the beautiful and vibrant city of Barcelona. www.barcelonafestivalofsong.com

El Barcelona Festival of Song es un curso de verano y ciclo de conciertos anual dedicado al estudio de la historia e interpretación del repertorio vocal de América Latina y España. Desde sus inicios en el 2005 el festival ha recibido cómo participantes a estudiantes y profesores de las más importantes universidades y conservatorios de los Estados Unidos y Europa. Los cantantes, pianistas, guitarristas y musicólogos que asisten a este evento tienen la oportunidad de aprender y ejecutar este importante repertorio en la bella y vibrante ciudad de Barcelona. Para más información visite: www.barcelonafestivalofsong.com

www.mundoarts.com

The Latin American and Spanish Vocal Music Collection

The Colombian Art Song: Jaime León, complete works for voice and piano Vol.1

The Colombian Art Song: Jaime León, complete works for voice and piano Vol.2

Tha Argentinian Art Song: Irma Urteaga, complete works for voice and piano

The Latin American Art Song: A critical Anthology and Interpretative Guide for Singers

Los sonidos de las naciones imaginadas: la canción artística latinoamericana en el contexto del nacionalismo musical.

www.mundoarts.com

www.ingramcontent.com/pod-product-compliance
Lightning Source LLC
Chambersburg PA
CBHW080119020526
44112CB00037B/2812